Die Lösung ist der Kummer

Maximilian Kuhrau

Bibliografische Information der Deutschen Nationalbibliothek:

Die Deutsche Nationalbibliothek verzeichnet diese Publikation in der Deutschen Nationalbibliografie; detaillierte bibliografische Daten sind im Internet über dnb. dnb.de abrufbar.

Verlag: BoD · Books on Demand GmbH, In de Tarpen 42, 22848 Norderstedt, bod@bod.de

Druck: Libri Plureos GmbH, Friedensallee 273, 22763 Hamburg

ISBN: 978-3-7693-7721-7

Vorwort

Irgendwie gab es nie einen Punkt, an dem ich mit diesem Buch vor fünf Monaten beginnen wollte. Ich habe fast jeden Abend eines meiner Zitate aufgeschrieben, das sich mit den drei Kernpunkten des Buches beschäftigt. Diese sind Liebe, Kummer und Alleinsein. Ich möchte anmerken, dass die Zitate in diesem Buch bei bestimmten Personen, die mit diesen Begriffen keine positiven Erfahrungen gemacht haben, erschütternd wirken können. In diesem Fall legen Sie bitte das Buch auf die Seite und machen sich Gedanken über die Zitate. Natürlich gab es bei diesem Buch auch Dinge, die mir besonders schwergefallen sind, darunter zählt auch die Veröffentlichung. Wichtig zu beachten ist auch, dass diese Zitate nicht meine Gefühlslage widerspiegeln sollen, sondern sie sind lediglich dafür da, andere Menschen zum Nachdenken anzuregen und ihnen so zu helfen.

In einem Moment der dich gerade zum Scheitern gebracht hat, denkst du, du bist begraben. Aber in Wirklichkeit fängt gerade erst wieder ein neuer Abschnitt deines Lebens an.

Die Welt

gibt dir etwas, was dir wirklich helfen könnte.
Aber du musst es natürlich wieder zerstören.

Habe ich
wirklich
gedacht, dass
ich von ihr
geliebt werde?

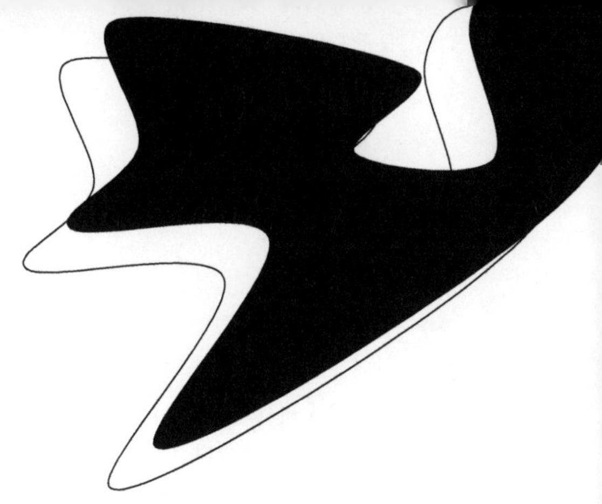

Wenn man einmal darüber nachdenkt, wie
es einem früher ging und was man für
kleine Probleme früher hatte, beginne ich
zu weinen.

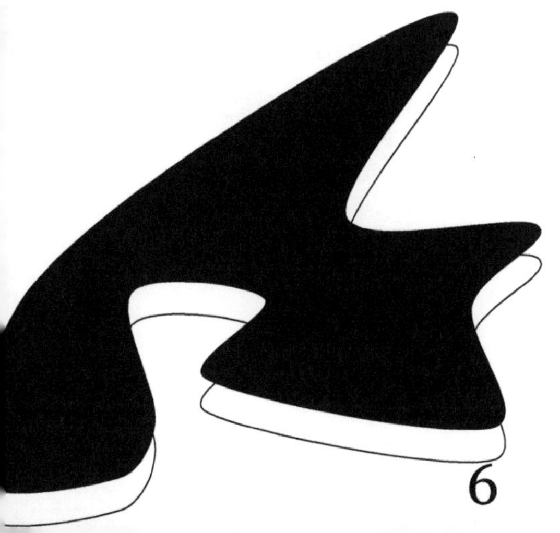

Was Gefühle für
eine Person mit dir
machen
können
habe ich
noch nie
verstanden.

Wenn man aus
Zwang versucht,
Personen zu
vergessen …

Wenn ich eine Antwort meines Lebens suche, denke ich an eine Pflanze. Wenn sie abgeschnitten wird und neu beginnt, kommt sie neu und schöner heraus.

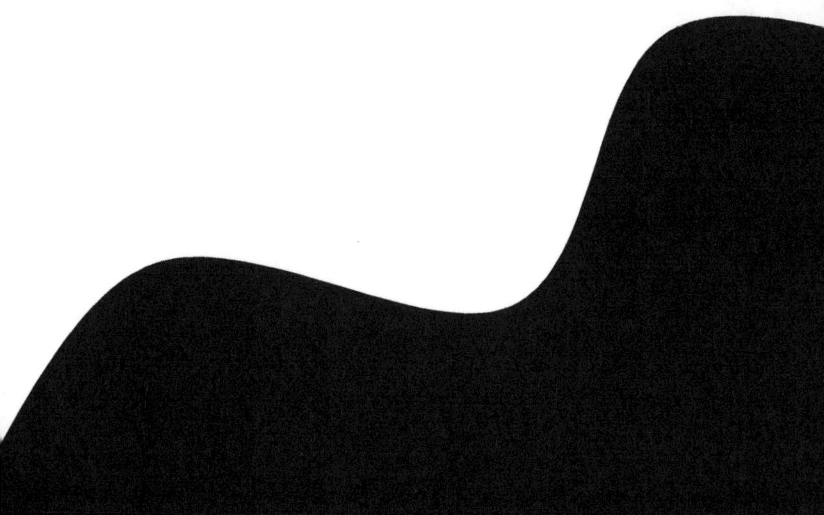

Das Lustige ist, dass niemand jemals
hier wusste, dass ich diese traurigen,
kalten, herzzerbrechenden Sätze
schreibe.

Wenn andere dich aus ihrem Leben weglassen, begehe nicht den gleichen Fehler, sondern rede mit ihnen umso mehr.

Dieses Zitat geht an meine sehr geliebte Schwester.

Lena, danke für alles. Durch dich und ja DU bist es gewesen habe ich mich so verändert. Nur ins Positive.

Menschen haben die Kraft, einen so sehr ins Positive zu verändern, aber es müssen nur die richtigen sein.

Ist doch auch dumm, wenn man in
einer Beziehung lebt, in der nur einer
von beiden liebt. Oder?

Habe ich echt geglaubt, dass ich die
Meinung der anderen einfach so
weglassen kann?

Dieses Buch war so knapp am Scheitern, aber dennoch habe ich weitergemacht.

Du solltest diese Einstellung auch verfolgen.

Die Liebe wird zu Kummer.

Lieben und Verstehen führt zur
Freude.

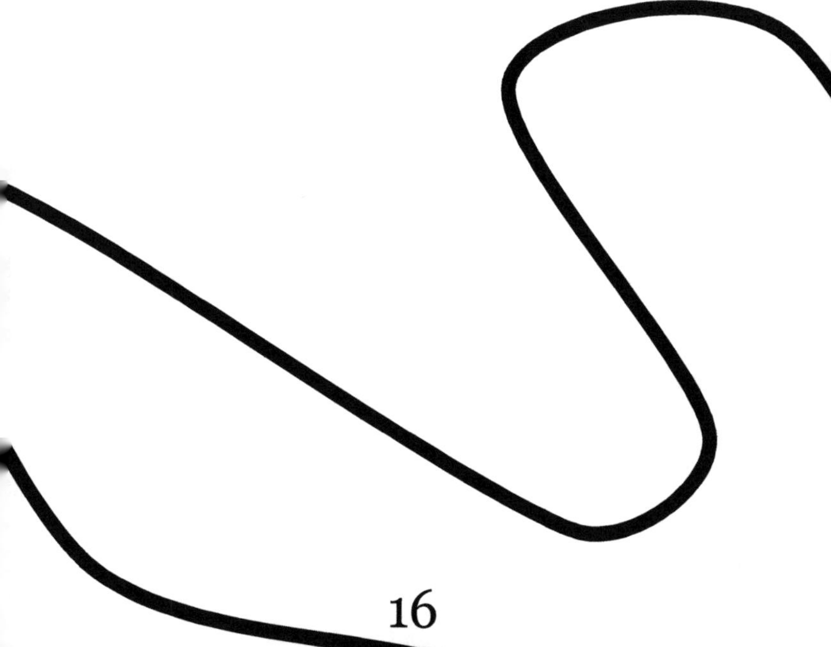

Wie ich jeden Tag aus
meinem Fenster schaue
und nicht verstehen kann,
wie schön die Natur ist. Das
erinnert mich ganz an dich.
Wer du bist, weiß ich selbst
nicht so richtig.

Ich sitze hier mal wieder, schreibe meine Gefühle auf und meine Ratschläge an andere auf. Aber das, was mir am meisten durch den Kopf geht, ist was die anderen über mich denken werden.

Der Abstand zu Personen.

Der Abstand zu Menschen.

Der Abstand zu sich selbst.

Der Abstand ist wichtig und befreit dich.

Das Leben ist wertvoll, besonders
wertvoll ist es zu leben.

Wenn man einst gesagt hat, das man in seinem Leben etwas ändern will, dann mache dies jetzt und verschiebe es nicht wieder in das Unendliche.

Ich glaube wenn ich mich mal wieder
dazu zwingen muss, dass es mir gut geht,
dann geht es mir gerade am schlechtesten.

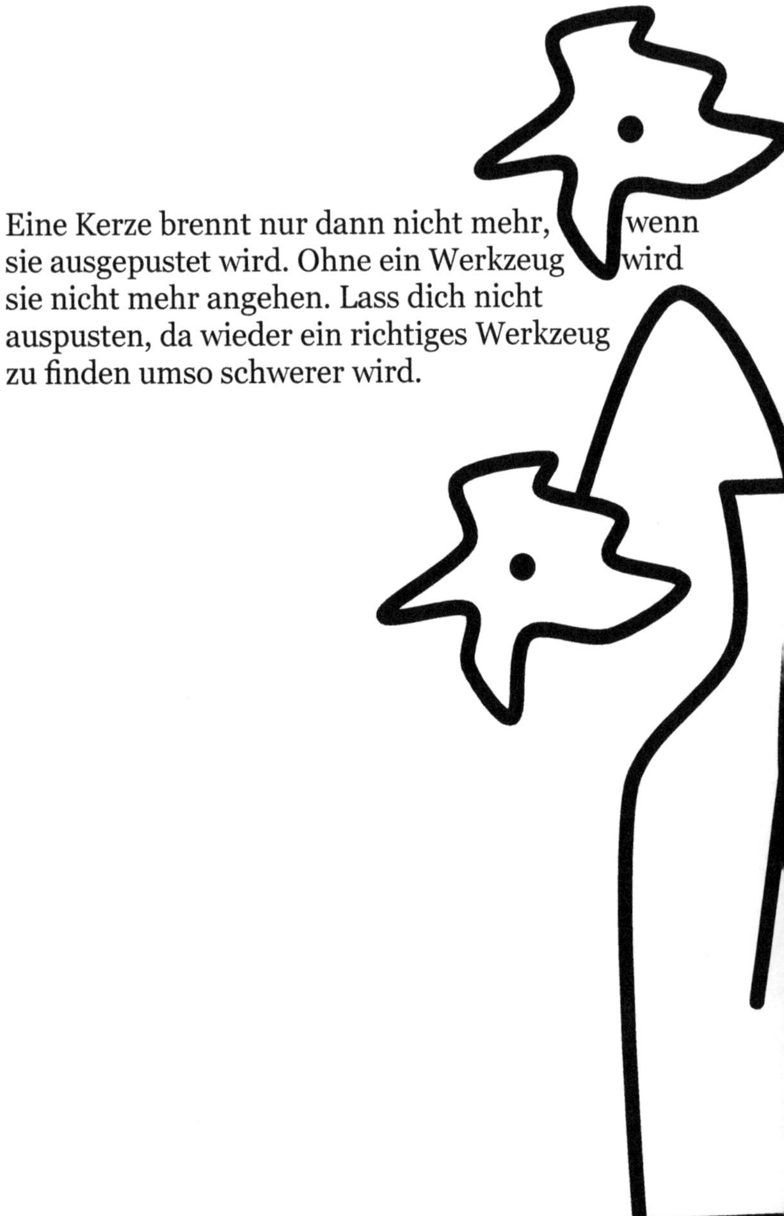

Eine Kerze brennt nur dann nicht mehr, wenn sie ausgepustet wird. Ohne ein Werkzeug wird sie nicht mehr angehen. Lass dich nicht auspusten, da wieder ein richtiges Werkzeug zu finden umso schwerer wird.

Wir Menschen wollen immer mehr
mit anderen Leuten machen. Aber
sinnvoll wäre es auch, mal was
allein zu machen.

Ich weiß nicht, ob ich hier das
Richtige mache, aber ich weiß, du
machst das Richtige.

Die Sonne scheint - so, wie unser
Leben scheinen sollte.

Wenn du mal wieder
mit der einen Person
redest, du aber
langsam nicht
verstehst, ob du das
Richtige für euch
entschieden hast …

Emotionen sind wichtig, wenn man sie aber nicht beachtet oder sie vergessen und unterdrücken will, dann werden sie zu negativen Emotionen.

Das Leben wird von den meisten Leuten falsch interpretiert, wenn man es aber probiert und schafft, richtig zu interpretieren, dann kann man es auch leben.

Können wir Menschen nicht mal vergessen?

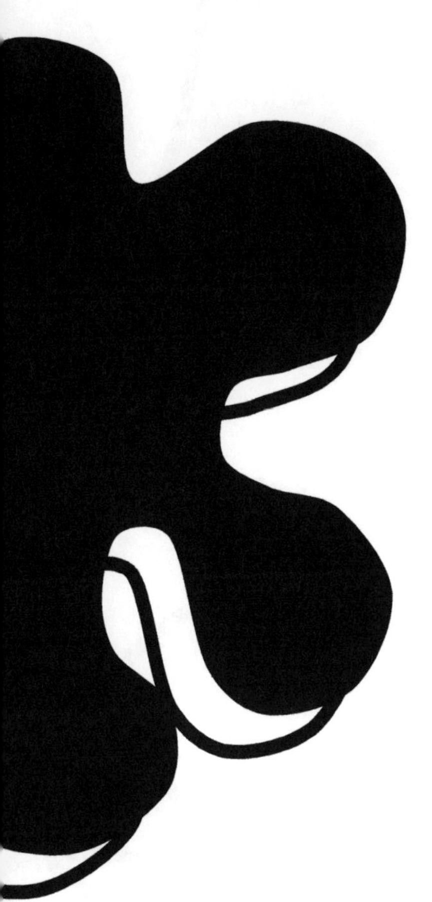

In unserer Kindheit
war alles so leicht.
Warum wird es denn
jetzt immer
schwerer?

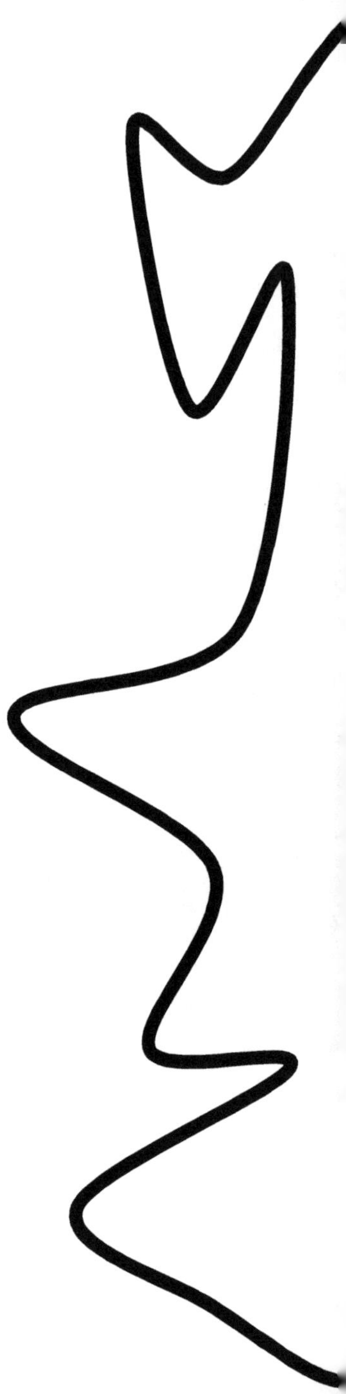

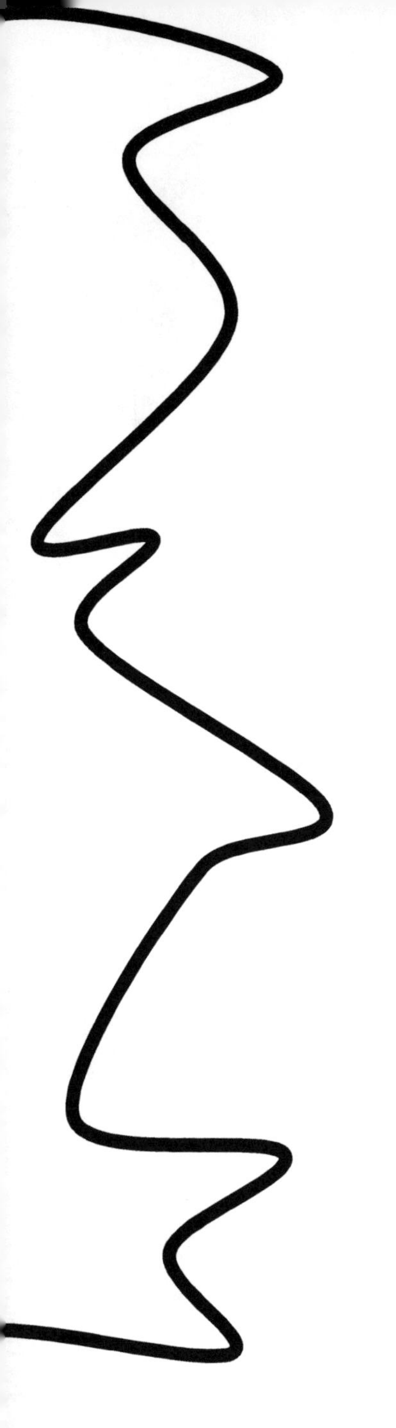

Warum müssen wir
uns denn so schnell
verändern? Diese
Veränderung macht
mich so kaputt.

Warum willst du
dich unbedingt für
eine Art von
Menschen
entscheiden, wenn
du dich auch für
dich entscheiden
kannst.

Wir sollten uns
nicht an
Menschen
orientieren,
sondern an uns
selbst.

Ich liebe mein Leben. Liebe
ich nun aber auch noch
selbst?

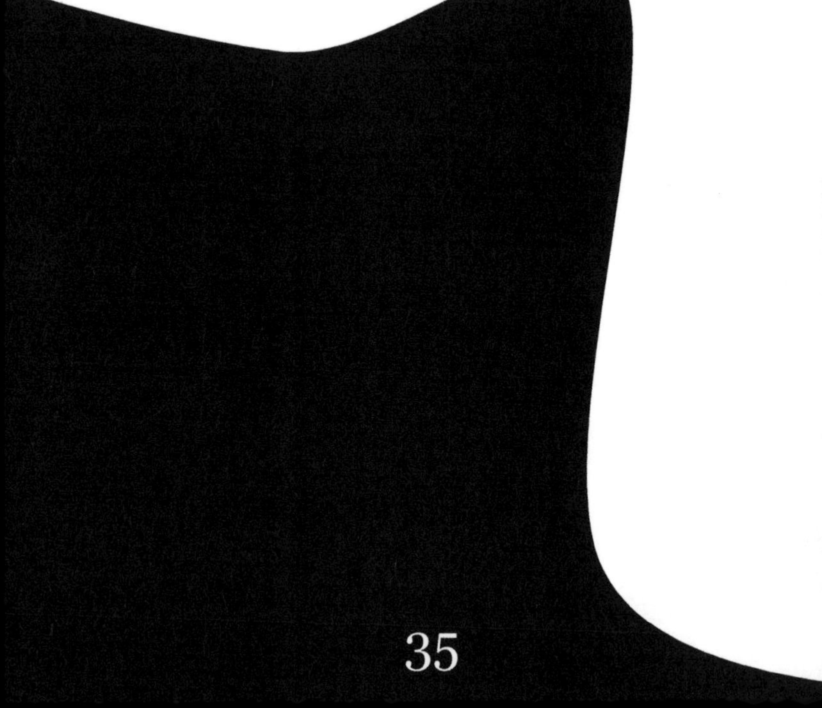

Jetzt kann ich einfach so vor
dir stehen, als wäre nichts
los.

Wie mein Kopf sich in so
einer kurzen Zeit in etwas
komplett anderes
entwickelt hat.

Wenn eine Blume oder Pflanze keine Energie in Form von Wasser mehr besitzt, geht sie irgendwann ein. Du bist wie die Pflanze, du musst dir auch das „Wasser" suchen.

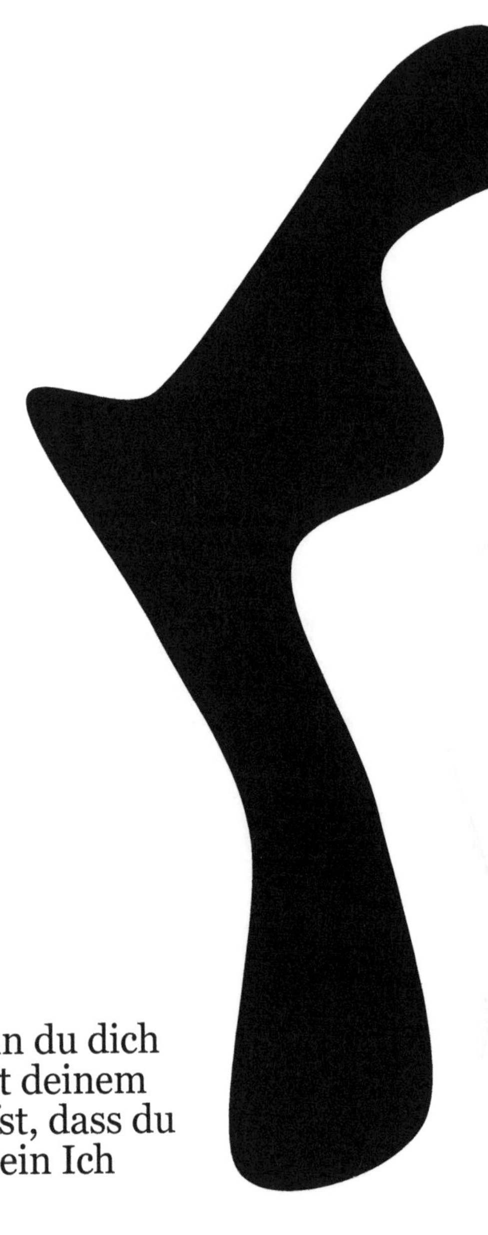

Glaubst du, wenn du dich
in 20 Jahren mit deinem
jetzigen Ich triffst, dass du
glücklich über dein Ich
jetzt sein wirst?

Bevor ich mit jemanden anderem Hände halte, muss ich sie erstmal mit mir halten.

Da wir es nicht schaffen
Menschen auszublenden,
blenden wir uns zu oft
selbst aus.

Du kannst nicht einfach so
gehen lassen, wenn du die
Hoffnung noch in einer
Person besitzt.

Dieses Gefühl der Unterdrückung,
welches ich noch nie beschreiben konnte.
Dieser innere Schmerz und die
Hoffnung. Das sind Dinge, die man oft
fühlt, aber die sich vielleicht nach einer
längeren Zeit auch für sinnvoll
herausgestellt haben.

Am Ende habe ich dann trotzdem gemerkt, wie schnell es vorbei ist.

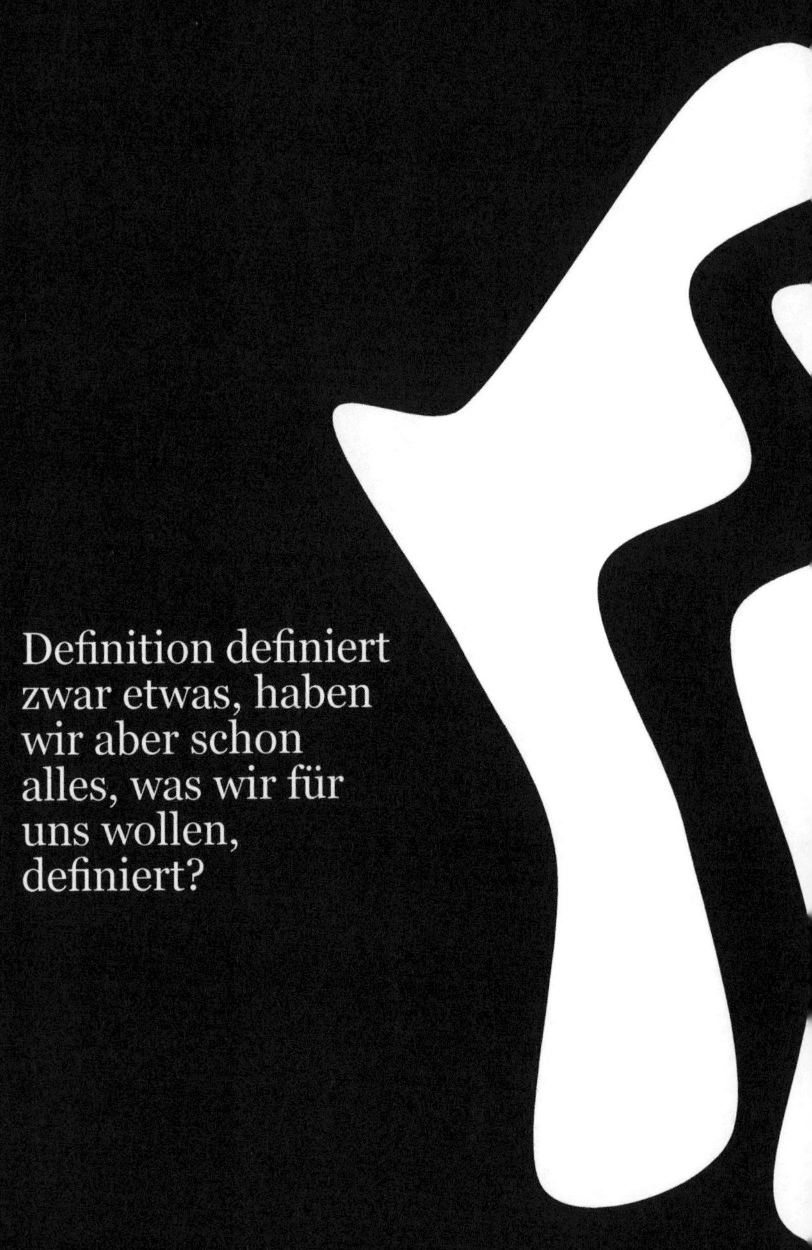

Definition definiert
zwar etwas, haben
wir aber schon
alles, was wir für
uns wollen,
definiert?

Wenn uns mal
wieder alles zu viel
und durcheinander
wird, dann müssen
wir es zugeben und
den Kummer
vielleicht mal über
all die anderen
Dinge stellen.

Ich liebe dich,
weißt du wer dich ist -
Ich

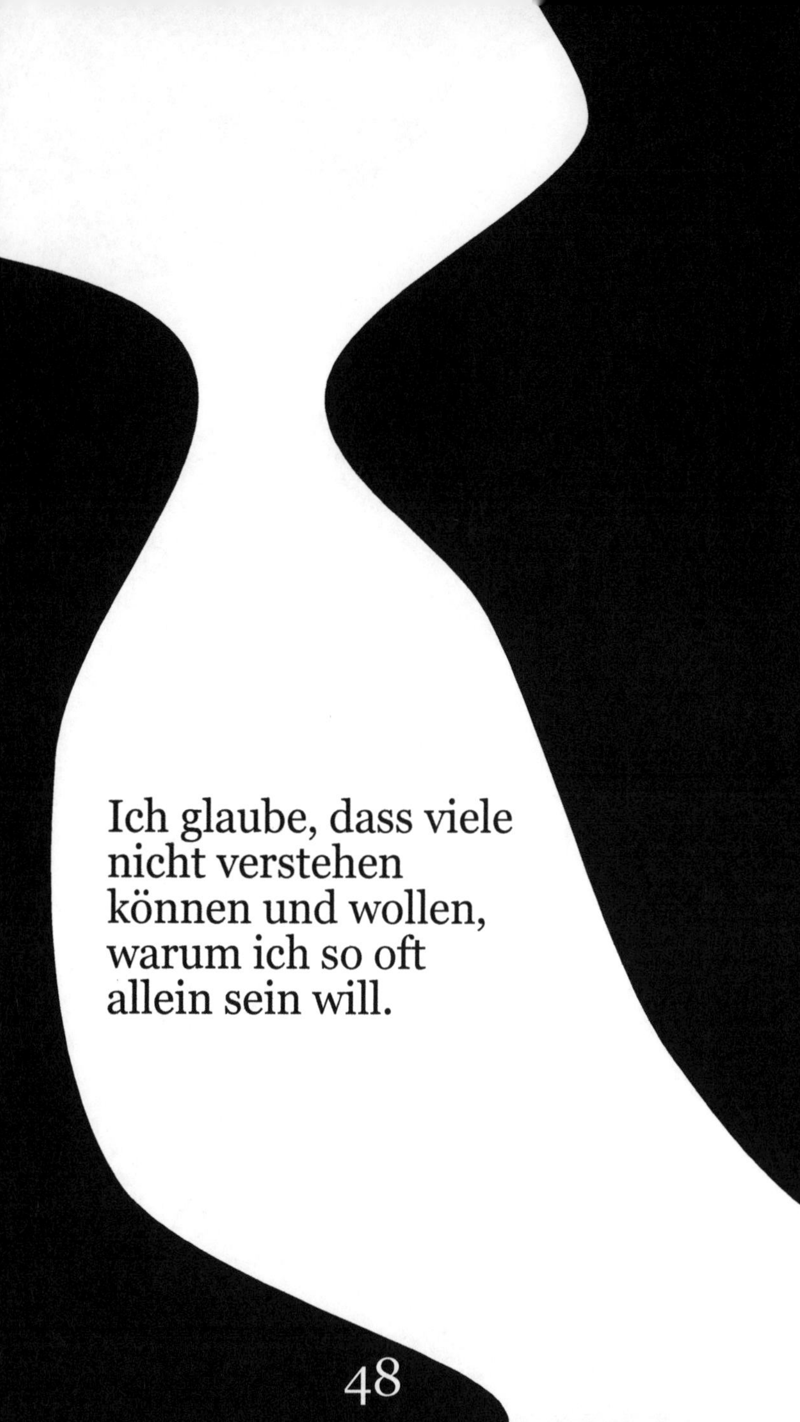
Ich glaube, dass viele
nicht verstehen
können und wollen,
warum ich so oft
allein sein will.

Ich glaube, dass wir
oft einfach unsere
Probleme lösen
müssten, indem wir
einfach mal alleine
bleiben und unser
Leben genießen.

Nun dachte man
sich, dass die
Lösung der
Kummer ist.
Man dachte sich
das nicht nur,
sondern weiß,
dass es wahr ist.

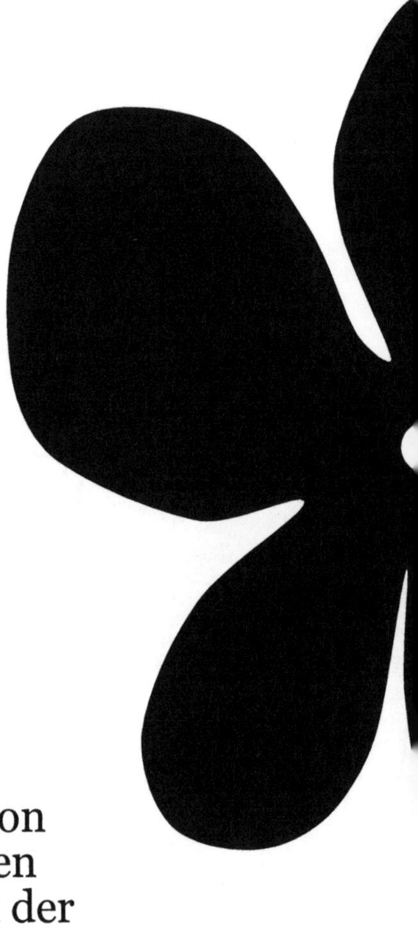

Ich freu mich so,
dass ich mich schon
ein wenig gefunden
habe. Leider fehlt der
Rest noch.

Wir haben alle
unterdrückte Gefühle
und Emotionen.
Wir sollten diese einfach
nur mal nach außen
lassen und sie nicht
unterdrückt für uns
behalten.

Ich sehe dich
zwar da oben,
dennoch bin ich
immer noch
unten.

Wir sollten nicht denken, dass unser Start
und unserer Anfang falsch war, sondern
wir sollten uns bewusst machen, dass
man jetzt einfach richtig starten kann.

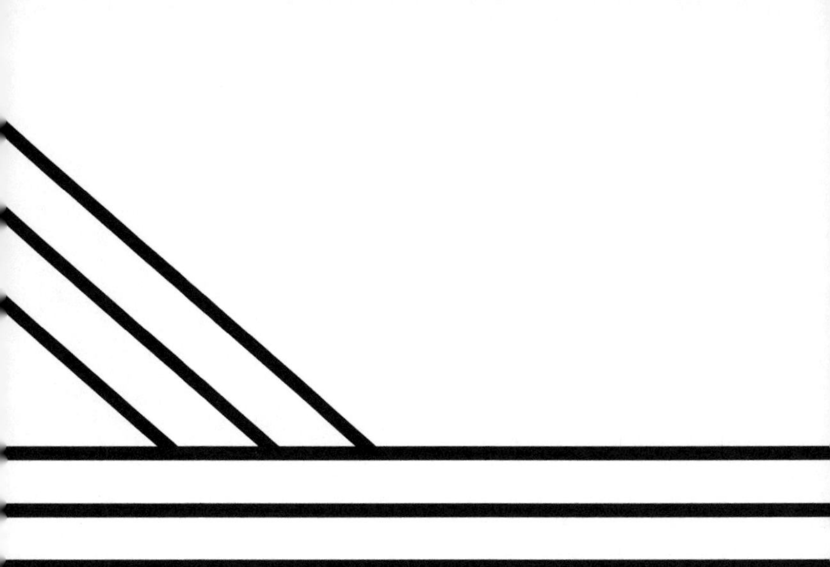

Oft blockieren wir die richtigen Leute. Und zu oft akzeptieren wir die falschen Leute.

Diese Leere

fühlt
sich
oft
falsch
an.

Ich sollte glauben,
dass mein Leben sich
so krass durch meine
richtige Selbstliebe
verändert hat.

Ich denke über
vieles nach, aber
überdenke das
meiste davon.

Warum,
müssen
wir unsere
Gefühle

immer so
künstlich
aufsetzen?

Warte ich
auf eine
Bestätigung,

die ich
vielleicht nie
bekommen
werde?

Werd´ ich
in diesem
Monat
anfangen
über meine

Entscheidungen
gründlich
nachzudenken?

Ich weiß,
dass es
viele
Menschen
gibt, die
wir

eigentlich
hassen
sollten,
nachdem wir
überlegen,
was sie uns
angetan
haben.

Die
Liebe

.st manchmal so
unbegreiflich.
70